Ballenas azules

Grace Hansen

Abdo

ESPECIES EXTRAORDINARIAS

Kids

abdopublishing.com

Published by Abdo Kids, a division of ABDO, PO Box 398166, Minneapolis, Minnesota 55439.

Copyright © 2017 by Abdo Consulting Group, Inc. International copyrights reserved in all countries. No part of this book may be reproduced in any form without written permission from the publisher.

Printed in the United States of America, North Mankato, Minnesota.

102016

012017

THIS BOOK CONTAINS RECYCLED MATERIALS

Spanish Translator: Maria Puchol

Photo Credits: AP Images, iStock, Minden Pictures, Science Source, Seapics.com, Shutterstock Paul Goldstein/Exodus/REX Shutterstock p.11

Production Contributors: Teddy Borth, Jennie Forsberg, Grace Hansen

Design Contributors: Laura Mitchell, Dorothy Toth

Publisher's Cataloging-in-Publication Data

Names: Hansen, Grace, author.

Title: Ballenas azules / by Grace Hansen.

Other titles: Blue whale. Spanish

Description: Minneapolis, MN : Abdo Kids, 2017. | Series: Especies
    extraordinarias | Includes bibliographical references and index.

Identifiers: LCCN 2016948062 | ISBN 9781624026928 (lib. bdg.) |
    ISBN 9781624029165 (ebook)

Subjects: LCSH: Blue whale--Juvenile literature. | Spanish language materials--
    Juvenile literature.

Classification: DDC 599.5--dc23

LC record available at http://lccn.loc.gov/2016948062

Contenido

El animal más grande del mundo

La ballena azul es la especie más grande de ballenas. También es el animal más grande del mundo.

4

Una ballena azul puede medir hasta 100 pies (30m) de largo. ¡Más que dos autobuses escolares juntos!

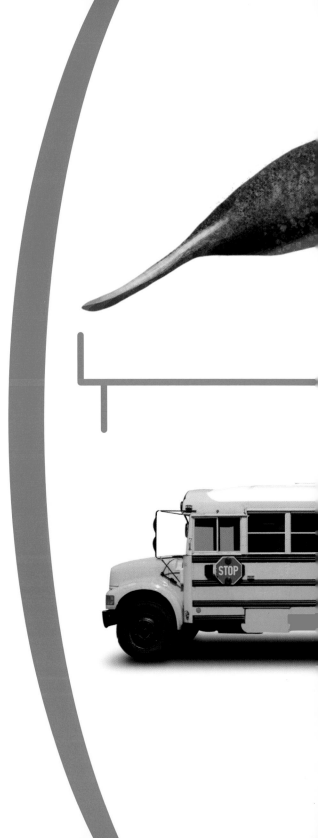

100 pies

45 pies　　　　　　　　**45 pies**

Una ballena azul puede llegar a pesar 200 toneladas (181,000 kg). ¡Más que 33 elefantes africanos juntos!

9

Cuerpo

La cabeza de una ballena azul es ancha y plana. Su cuerpo es muy largo. Su **aleta caudal** es grande y triangular.

aleta caudal

Las ballenas azules no tienen dientes. En su lugar tienen **barbas**. Estas barbas son como pelo muy grueso y duro. Estos pelos sirven para filtrar el alimento.

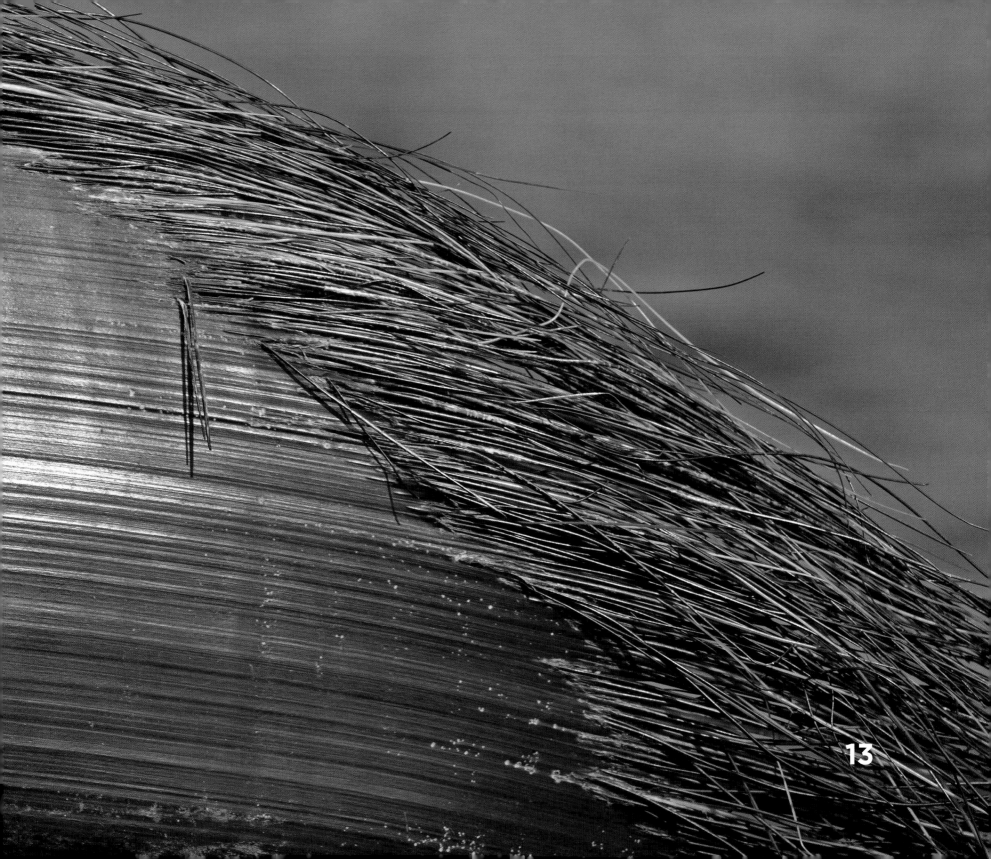

Alimentación

Las ballenas azules comen diminutos animales llamados **krill**. El krill flota en el agua en grupos grandes. ¡De esta forma es fácil comérselo!

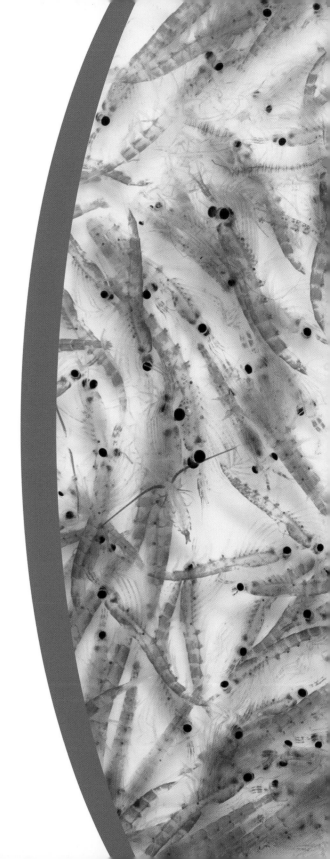

15

Las ballenas azules recogen agua y krill por la boca. Después expulsan el agua a través de las barbas. Así, sólo les queda el krill dentro de la boca. Comen casi 4 toneladas (3,700 kg) de krill cada día.

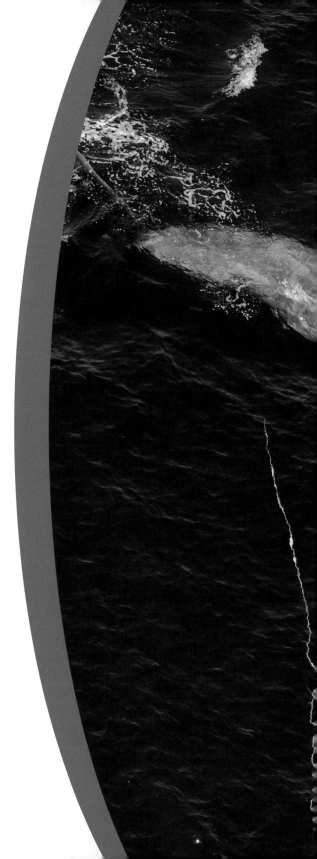

17

Crías enormes

Las ballenas azules recién nacidas se llaman crías. Cuando nacen, las crías ya pesan alrededor de 3 toneladas (2,700 kg). ¡Y miden 25 pies (7.5 m) de largo!

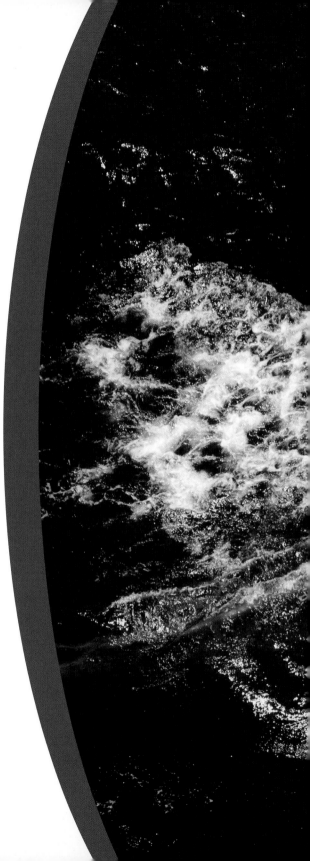

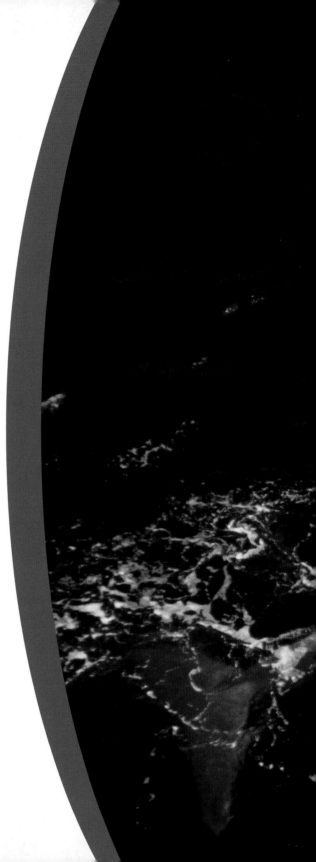

Las crías se alimentan de leche de su madre todo el día. ¡Engordan 200 libras (91 kg) al día durante el primer año! En poco tiempo crecen tan grandes como sus padres.

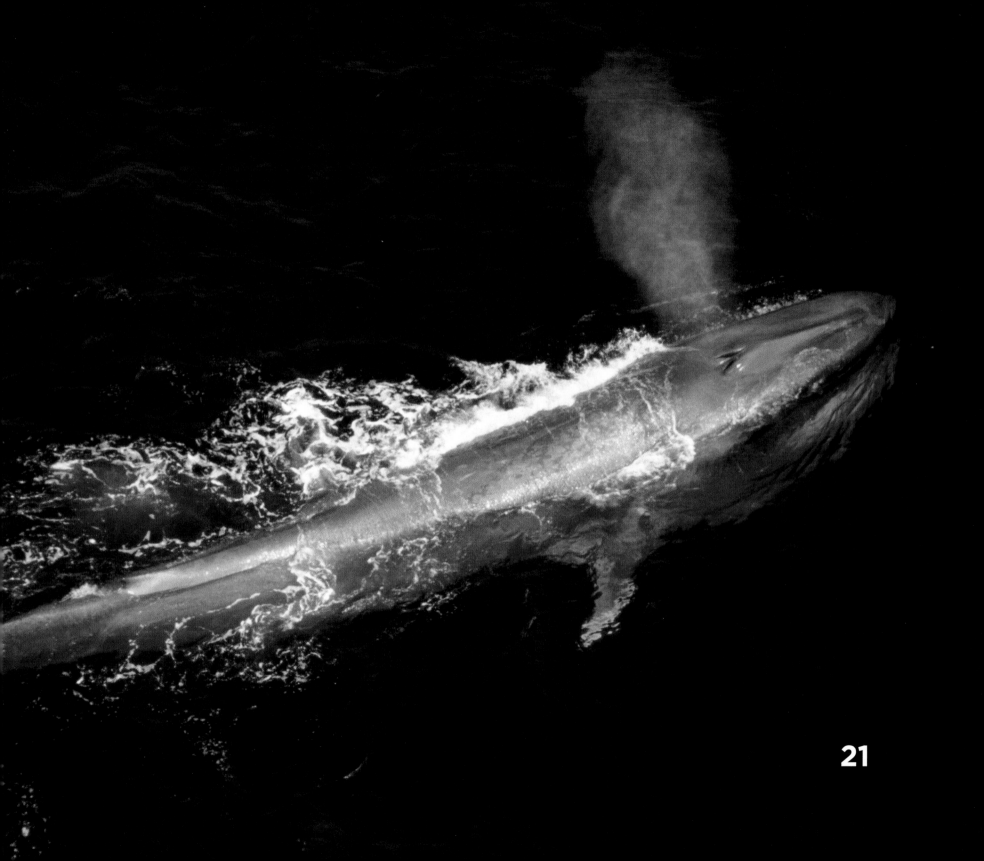

Más datos

- Normalmente las ballenas azules están solas o en pareja, sólo a veces nadan en grupos pequeños.

- Las ballenas azules nadan a 5 millas por hora (8 km/h), pero pueden llegar a nadar a 20 millas por hora (32 km/h).

- La ballena azul es uno de los animales más ruidosos del mundo. Se comunican entre ellas a través de gruñidos, gemidos y chasquidos.

Glosario

aleta caudal – una de las dos partes de la cola de una ballena.

barbas – pelos duros que cuelgan de la mandíbula superior de las ballenas sin dientes, sirven para filtrar alimento del agua.

especie – grupo específico de animales con similitudes entre ellos y capacidad de reproducirse.

krill – diminutos crustáceos del océano que son el alimento principal para algunas ballenas.

Índice

abdokids.com

¡Usa este código para entrar en abdokids.com y tener acceso a juegos, arte, videos y mucho más!

Código Abdo Kids:
SBK5420